Liebe Schülerinnen, liebe Schüler!

Ihr lest und schreibt bestimmt gern.
Damit ihr richtig mit der Sprache umgehen könnt, wird in diesem Arbeitsheft die Sprache untersucht. In vielen abwechslungsreichen Übungen lernt ihr verschiedene Wortarten zu erkennen und Zeitformen zu unterscheiden.
In zahlreichen Übungen erweitert ihr euren Wortschatz und könnt euch dadurch verständlicher miteinander unterhalten.
Ihr lernt Satzglieder zu unterscheiden und zu benennen. Ihr spürt die vier Fälle in den Sätzen auf und bestimmt die Orts- und Zeitangaben.

Die Arbeitsanweisungen geben genau an, wie ihr die einzelnen Aufgaben lösen könnt.
Verwendet ein Lineal, wenn ihr etwas unterstreichen sollt.

Trolli – der Spaßmacher – begleitet euch durch das Arbeitsheft und gibt euch gute Ratschläge.

Ab Seite 55 findet ihr Lösungen für die Aufgaben. Mit ihnen könnt ihr eure Arbeitsergebnisse überprüfen.

Wenn ihr überprüfen wollt, wie ein Wort geschrieben wird, könnt ihr ab Seite 60 in der Wörterliste nachschauen.

Auf der letzten Seite des Heftes könnt ihr nachschlagen, wenn ihr Begriffe vergessen habt, die man zum Untersuchen der Sprache braucht.

Das Symbol für Partnerarbeit und Gruppenarbeit weist euch auf die Möglichkeit hin, mit einem Partner oder in der Gruppe zusammenzuarbeiten.

Das Symbol für eine zusätzliche Arbeitsaufgabe gibt den schneller arbeitenden Schülerinnen und Schülern von euch den Hinweis auf eine zusätzliche Arbeitsmöglichkeit.

Das Symbol mit dem Heft sagt euch, dass ihr eine Aufgabe im Heft oder am Computer bearbeiten sollt.

Nun viel Spaß und guten Erfolg beim Überlegen und Schreib

wünscht euch euer Autor

Edmund Wetter

Inhaltsverzeichnis

Inhaltsverzeichnis

Der Regenbogen

Ein Regenbogen,
komm und schau:
rot und orange,
gelb, grün und blau.

So herrliche Farben
kann keiner bezahlen,
sie über den halben
Himmel zu malen.

Ihn malte die Sonne,
mit goldener Hand
auf eine wandernde
Regenwand.

Josef Guggenmos

1. Hast du schon einmal einen Regenbogen gesehen? Erzähle.

2.  Sprecht in eurer Klasse über das Gedicht.

3. Ordne die unterstrichenen Wörter in Namenwörter (Nomen), Tunwörter (Verben) und Wiewörter (Adjektive). Schreibe bei den Namenwörtern (Nomen) den Begleiter (Artikel) dazu.

Namenwörter (Nomen):

der Regenbogen, ______________________________

____

Tunwörter (Verben):

____

____

Wiewörter (Adjektive):

____

____

4.  Lest euch immer abwechselnd ein Wort vor. Der Partner überlegt, ob es ein Namenwort (Nomen), ein Tunwort (Verb) oder Wiewort (Adjektiv) ist.

SONNE | RENNT | DÜNN | KLETTERN | HÖREN | HOCH

WEINT | WEICH | FRÖHLICH | JACKE | BREMSE | BRANNTE

FEUER | FEUCHT | DUNKELHEIT | HALS

1. Welche Wörter passen zum Bild? Male die Wortkärtchen farbig an.

ROLLSTUHL AUTO ZEBRASTREIFEN SPRUNGBRETT

WASSERBALL DUSCHE SPRINGEN SPRITZEN NASS

SONNIG POLIZIST AMPEL RUTSCHEN HUPEN

TAUCHEN WARM SCHATTIG FAHREN

2. Ordne die farbigen Wortkärtchen in die Tabelle ein.
Achte auf die Großschreibung der Namenwörter (Nomen). Vergiss den Begleiter (Artikel) nicht.

Namenwörter (Nomen)	Tunwörter (Verben)	Wiewörter (Adjektive)

1. Unterstreiche alle Namenwörter (Nomen).

- Das Kind auf dem Sprungbrett hat Angst.
- Das Mädchen taucht und beweist Mut.
- Der Bademeister führt die Aufsicht.
- Mein Bruder macht voller Stolz einen Kopfsprung vom Startblock.
- Die drei Jungen verbindet eine enge Freundschaft.

2. Schreibe die Namenwörter (Nomen) mit Begleitern (Artikeln) in die Tabelle. Achte auf die Großschreibung.

3. Kreuze in der Tabelle an, was für die Namenwörter (Nomen) zutrifft.

Namenwörter	Kann man sehen oder anfassen	Kann man nicht sehen oder anfassen	Groß-schrei-bung	Begleiter
das Kind	✗		✗	✗

Merke!

Auch alle **Namenwörter** (Nomen), die du **nicht sehen** oder **anfassen** kannst, werden großgeschrieben und haben einen Begleiter (Artikel). Sie heißen **abstrakte Namenwörter** (Nomen).

Ferien am Nordseestrand

Ich möchte gern ans Meer verreisen.

Ich möchte gern durch die Wellen tauchen.

Ich möchte gern schwimmen.

Ich möchte gern Sandburgen bauen.

Ich möchte gern Muscheln sammeln.

Ich möchte gern Seesterne finden.

Ich möchte gern Beachvolleyball spielen.

Ich möchte gern am Strand reiten.

Ich möchte gern im Strandkorb liegen.

Ich möchte gern mit dem Strandsegler fahren.

1. Unterstreiche die zehn Tunwörter (Verben), die in der Grundform stehen.
2. Schreibe diese Tunwörter (Verben) auf.

______________________ ______________________

______________________ ______________________

______________________ ______________________

______________________ ______________________

______________________ ______________________

3. Unterstreiche den Wortstamm rot und die Endung blau.
4. Z Was möchtest du am Strand tun? Schreibe Sätze. Unterstreiche den Wortstamm deiner Tunwörter (Verben) rot und die Endung blau.

Merke!

Tunwörter (Verben) bestehen aus einem **Wortstamm** und einer **Endung**.

Beispiel: tauch | en   sammel | n

In der Grundform enden die Tunwörter (Verben) auf **-en** oder **-n**.

Merke! Bei den Personalformen ändern sich die **Endungen**.

1. Schreibe die Tunwörter (Verben) in den Personalformen auf.

Grundform: tauchen

Fürwort	**Wortstamm**	**Endung**
ich	tauch	e
du	______	______
er	______	______
sie	______	______
es	______	______
wir	______	______
ihr	______	______
sie	______	______

Grundform: rennen

Fürwort	**Wortstamm**	**Endung**
ich	renn	e
du	______	______
er	______	______
sie	______	______
es	______	______
wir	______	______
ihr	______	______
sie	______	______

2. Trage die folgenden Tunwörter (Verben) in der richtigen Personalform in die Sätze ein:
lesen, bauen, verreisen, schwimmen, sammeln, fahren, holen, liegen, suchen, tauchen, spielen.

- Meine Familie ______________ im Sommer immer an den Nordseestrand.
- Wir ______________ meistens gemeinsam nach draußen.
- Ich ______________ besonders gern durch die Wellen.
- Meine Geschwister und ich ______________ eine Sandburg.
- Wir ______________ Muscheln und ______________ Seesterne.
- Oft ______________ wir auch Beachvolleyball.
- Mein Bruder ______________ gern mit dem Strandsegler.
- Meine Mutter ______________ oft im Strandkorb und ______________ ein Buch.
- Manchmal ______________ wir uns Eis.

3. Z Was glaubst du, was Trolli gern am Strand machen würde?
Schreibe Sätze in dein Heft.

Lösungen Seite 55

Merke!

Wörter, die den **gleichen Wortstamm** haben, gehören zu einer **Wortfamilie**. Der Selbstlaut im Wortstamm einer Wortfamilie kann sich ändern.
Beispiel: sprechen – er spricht – der Spruch

1. In den folgenden Sätzen findest du zehn Wörter, die zur Wortfamilie **fahren** gehören. Schreibe diese Wörter neben die Sätze. Unterstreiche den Wortstamm.

- ▶ Wir wollen mit dem Strandsegler fahren. fahren
- ▶ Vaters Auto steht fahrbereit auf der Straße. ____________________
- ▶ Vater startet sein Auto, denn er will wegfahren. ____________________
- ▶ Mutter will mit dem Bus heimfahren. ____________________
- ▶ Sie hat ihre Fahrkarte schon gelöst. ____________________
- ▶ Den Fahrplan kennt sie auswendig. ____________________
- ▶ Wir prüfen, ob unsere Fahrräder fahrtüchtig sind. ____________________
  ____
- ▶ Wir wollen uns nicht fahrlässig im Verkehr verhalten. ____________________
- ▶ Eine wichtige Verkehrsregel lautet: Achte auf die Vorfahrt! ____________________

2. Ordne die Wörter im Kasten den folgenden Wortfamilien zu: **bauen, fallen** und **spielen**. Zu jeder Wortfamilie gehören zehn Wörter. Schreibe die Wortfamilien nebeneinander und unterstreiche den Wortstamm.
Beispiel: Wortfamilie bauen: anbauen – der Bauer – ...

anbauen	der Abfall	mitspielen	vorspielen	der Bauer	der Neubau
durchfallen	er fällt	die Spieluhr	gespielt	gefallen	der Fuchsbau
das Fallobst	das Gefälle	der Spielfilm	der Spielplatz	zufällig	gebaut
schwerfällig	das Computerspiel	baugleich	der Baustein	ebenfalls	verspielt
der Holzfäller	das Gebäude	spielerisch	bäuerlich	spielstark	die Bäuerin

Lösungen Seite 55

Trolli zaubert zu Tunwörtern (Verben) verwandte Namenwörter (Nomen) und Wiewörter (Adjektive). Alle drei Wortarten gehören zu einer Wortfamilie.

1. In jedem Zauberhut befindet sich eine andere Wortart.
   Welche Wörter gehören zu einer Wortfamilie?
   Nimm aus jedem Zauberhut ein Wort, sodass immer drei Wörter zu einer Wortfamilie gehören.

lachen, das Gelächter, lächerlich ______________________________

______________________________ ______________________________

______________________________ ______________________________

2. Bilde zu jedem Wort in der Tabelle eine Wortfamilie, die aus einem Tunwort (Verb), einem Namenwort (Nomen) und einem Wiewort (Adjektiv) besteht.
   Ergänze damit die Tabelle. Kontrolliere mit der Wörterliste oder mit dem Wörterbuch.

Tunwörter (Verben)	Namenwörter (Nomen)	Wiewörter (Adjektive)
fragen	die Frage	fraglich
		brüchig
	das Gespräch	
	die Schrift	
wässern		
		spielerisch
		schlaflos
		erfreulich

Unfall auf dem Eis

Der Schüler Lorenz Wetter fällt beim Schlittschuhlaufen auf dem zugefrorenen See über eine hervorstehende Wurzel. Dabei fällt er auf seinen Freund Felix. Beide Jungen fallen auf das harte Eis. Lorenz fällt so hin, dass er sich das Kinn aufreißt. Er blutet stark. Der Arzt muss die Wunde nähen. Felix fällt auf seine Hände und zerkratzt sich dabei die Haut. Sein Vater wickelt einen sauberen Verband um die Hände.

1. Lies den Text aufmerksam. Das Tunwort (Verb) **fallen** findest du mehrmals in der Erzählung. Unterstreiche es.
2. Setze für **fallen** andere passende Tunwörter (Verben) ein. Folgende Wörter helfen dir: **stürzen, straucheln, hinschlagen, prallen, knallen**.

Unfall auf dem Eis

Der Schüler Lorenz Wetter ________________ beim Schlittschuhlaufen auf dem zugefrorenen See über eine Wurzel. Dabei ________________ er auf seinen Freund Felix. Beide Jungen ________________ und fallen auf das harte Eis. Lorenz ________________ so hin, dass er sich das Kinn aufreißt. Er blutet stark. Der Arzt muss die Wunde nähen. Felix ________________ auf seine Hände und zerkratzt sich dabei die Haut. Sein Vater wickelt einen sauberen Verband um die Hände.

3. Z Suche noch weitere Tunwörter (Verben) aus dem Wortfeld **fallen** und bilde Sätze.

Merke!

Wörter mit **ähnlicher Bedeutung** bilden zusammen ein **Wortfeld**. Mit den Wörtern eines Wortfeldes kannst du dich genau und treffend ausdrücken.

Wortfelder

1. Setze für das Wort **sagen** andere passende Wörter ein. Es gibt verschiedene Möglichkeiten.
Folgende Wörter helfen dir: **rufen, meinen, jubeln, entgegnen, bitten, erzählen, erwidern, erklären, fragen**.

- Der Schüler Lorenz Wetter sagte: „Ich war heute auf dem Eis zum Schlittschuhlaufen."
- Sein Freund Felix sagte: „Das macht richtig Spaß!"
- „Wollen wir um die Wetter laufen?", sagte Felix.
- „Hurra!", sagten alle Kinder, als der Würstchenwagen am Ufer hielt.
- „Komm, wir kaufen uns auch ein Würstchen mit Pommes!", sagte Felix.
- „Ich habe kein Geld", sagte Lorenz traurig.
- „Dann spendiere ich dir ein Würstchen", sagte Felix.
- Lorenz sagte erfreut: „Ich nehme dein Angebot an."
- Er sagte: „Felix, dann darf ich dir aber bei einer anderen Gelegenheit auch etwas spendieren."

2. Ordne die Tunwörter (Verben) dem jeweils passenden Wortfeld zu.

schwindeln heucheln schmausen verzehren speisen flunkern schlürfen saugen futtern vortäuschen saufen nippen

Wortfeld: lügen	Wortfeld: trinken	Wortfeld: essen

3. Suche dir aus jedem Wortfeld von Aufgabe 2 zwei Wörter aus. Schreibe mit jedem dieser Wörter einen Satz.

Lösungen Seite 56

Eine neue Schule

Eva geht in die vierte Grundschulklasse. Viele Überlegungen schwirren ihr durch den Kopf, denn am Ende des Schuljahres wird sie die Grundschule verlassen. Eva wird eine neue Schule besuchen. Sie nimmt sich vor, dass sie in Zukunft fleißig lernen wird, um ihre Zensuren zu verbessern. Dann wird sie ein so gutes Zeugnis bekommen, dass sie an der Weiße-Rose-Schule gut mitarbeiten kann. Sicher wird Eva dort viele ihrer Klassenkameraden wiedersehen. Als Fremdsprache wird sie Englisch wählen. Wird sie auch neue Freunde und Freundinnen finden? Ihre beste Freundin wird hoffentlich auch auf die Weiße-Rose-Schule gehen. Übermorgen wird ihre Klasse die Schule besuchen.

1. Lest den Text und sprecht darüber.
2. Die unterstrichenen Tunwörter (Verben) stehen in der Zeitform Zukunft. Schreibe sie in der Ich-Form und in der Wir-Form.

Zeitform Zukunft (Ich-Form)	Zeitform Zukunft (Wir-Form)
ich werde verlassen	*wir werden verlassen*
ich	

Merke!

Wenn etwas erst **später** geschehen wird, verwendet man die Zeitform **Zukunft**. Die Zukunft bildet man aus einer Form von **werden** (werde, wirst, wird, werdet, werden) und einem **Tunwort** (Verb) in der **Grundform**.

1. Bilde Sätze. Schreibe die Sätze in der Zeitform Zukunft. Es gibt verschiedene Möglichkeiten.
Beispiel: **Ich werde mit meiner Freundin ins Kino gehen.**

Wanderungen machen — Fußball spielen — Oma und Opa besuchen — Rad fahren — angeln gehen — reiten — ins Kino gehen — Fahrrad putzen — bei meiner Freundin übernachten

Ich ______________________________

Du ______________________________

Er ______________________________

Sie (Lena) ______________________________

Es (das Kind) ______________________________

Wir ______________________________

Ihr ______________________________

Sie (die Kinder) ______________________________

2. Schreibe die Sätze in der Zukunft.
Schreibe so: **Zum Ende des 4. Schuljahres werde ich die Grundschule verlassen.**

- Zum Ende des 4. Schuljahres verließ ich die Grundschule.
- Ich besuchte eine neue Schule.
- In der Grundschule lernte ich fleißig.
- So verbesserte ich meine Zensuren.
- Mit dem guten Zeugnis meldete ich mich an der neuen Schule an.
- Als Fremdsprache wählte ich Englisch.
- Meine beste Freundin ging auch auf die Weiße-Rose-Schule.

Lösungen Seite 56

1. Schreibe zu jeder Bilderreihe Sätze.
Der erste Satz soll in der **Vergangenheit** stehen.
Der zweite Satz soll in der **Gegenwart** stehen.
Der dritte Satz soll in der **Zukunft** stehen.

Tom schrieb einen Brief.

Jetzt steckt er den Brief in einen Umschlag.

Danach wird er den Brief in den Briefkasten einwerfen.

Der Junge

Merke!

Die Zeitform Zukunft wird für Zukünftiges nicht immer verwendet.
Es gibt eine andere Möglichkeit, über die Zukunft zu sprechen, nämlich mit **Zeitangaben**.
Beispiel: Morgen kaufe ich ...; bald gehe ich ...; übermorgen besuche ich ...; wenn ich wieder gesund bin, spiele ich ... usw.
Die Tunwörter stehen dann in der **Gegenwart**.

1. Schreibe Sätze mit Zeitangaben, die auf Zukünftiges hinweisen.
   Beispiel: Morgen gehe ich ins Schwimmbad.

ins Schwimmbad gehen	Fußball spielen		Schulferien beginnen
mein Zimmer aufräumen		zum Friseur gehen	ins Kino gehen
meinen Geburtstag feiern	Schneemann bauen		Opa helfen
ein Computerspiel kaufen	Frühling beginnt	Eis essen	neues Buch ausleihen

Morgen ______________________________

Nächste Woche ______________________________

In einem Monat ______________________________

Übermorgen ______________________________

Demnächst ______________________________

Bald ______________________________

Wenn es schneit ______________________________

Wenn ich wieder gesund bin ______________________________

In drei Wochen ______________________________

Am nächsten Donnerstag ______________________________

Wenn ich Zeit habe ______________________________

Um 17 Uhr ______________________________

2. Z Was planst du für die nächste Zeit? Schreibe selbst Sätze wie in Aufgabe 1.

Lösungen Seite 56

Im Hochhaus wohnen

Jörg, Ole und Mehmet kommen aus der Schule.
Sie sind auf dem Heimweg.
Jörg erzählt: „Unser Mehrfamilienhaus ist hoch. Wir wohnen in der 5. Etage. Wenn ich vom Balkon schaue, habe ich einen weiten Blick."
Ole meint: „Unser Mehrfamilienhaus ist höher. Wir wohnen in der 7. Etage. Wenn ich vom Balkon schaue, habe ich einen weiteren Blick."
Mehmet erklärt: „Unser Haus ist am höchsten. Wir wohnen in der 9. Etage eines Hochhauses. Wenn ich vom Balkon schaue, habe ich den weitesten Blick."

1. Trage die Wiewörter (Adjektive) aus dem Text von oben ein. Achte auf die **Steigerung**.

- Jörgs Haus ist ______________________
- Oles Haus ist ______________________
- Mehmets Haus ist ______________________
- Jörg hat einen ______________________ Blick.
- Ole hat einen ______________________ Blick.
- Mehmet hat den ______________________ Blick.

2. Steigert die Wiewörter (Adjektive). Färbt die drei Wiewörter (Adjektive), die zusammengehören, in der gleichen Farbe.

schön | klüger | älter | jünger | am besten | viel | jung | groß | am schönsten | größer | mehr | am jüngsten | schöner | alt | am ältesten | am größten | besser | klug | gut | am meisten | am klügsten

3. Schreibe die zusammengehörenden Vergleichsformen nebeneinander.
Beispiel: schön – schöner – am schönsten

Merke!

Mit **Wiewörtern** (Adjektiven) kann man **vergleichen**.
Die **Vergleichsformen** heißen **Grundstufe**, **Höherstufe** und **Höchststufe**.
Beispiel: traurig – trauriger – am traurigsten

Merke!

Beim Vergleichen in der **Grundstufe** wird das Wort **wie** verwendet. Beim Vergleichen in der **Höherstufe** wird das Wort **als** verwendet.

Grundstufe – **so nass wie**
Höherstufe – **nasser als**
Höchststufe – **am nassesten**

1. Vergleiche und schreibe in ganzen Sätzen wie im Beispiel.

 ist hoch  ist höher

Das Hochhaus ist höher als das Einfamilienhaus.

 leuchtet hell  leuchtet heller

 ist groß  ist größer

 läuft schnell  läuft schneller

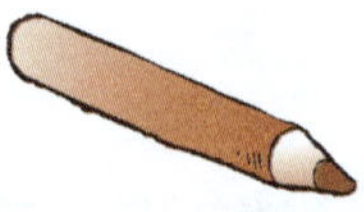 ist lang  ist länger

2. Überlege dir weitere Sätze mit Vergleichen wie in Aufgabe 1.

Lösungen Seite 56

1. Welches Vergleichswort passt?
Kreuze **wie** oder **als** an. Schreibe das richtige Vergleichswort in die Lücke.

	wie	als
Jonas wirft so weit wie Klaus.	X	
Tamara springt weiter ______ Lara.		
Niklas läuft schneller ______ sein Freund Tom.		
Tom springt höher ______ sein Freund Niklas.		
Gönul klettert so geschickt ______ ein Eichhörnchen.		
Felix schwimmt ausdauernder ______ sein Bruder.		
Der Vater arbeitet so lang im Garten ______ die Mutter.		
Oma hört heute ihrem Enkel geduldiger zu ______ gestern.		
Ein Unwetter zieht heran und es wird so dunkel ______ in der Nacht.		
Laura malt so schön ______ eine Künstlerin.		
Das Wasser aus der Quelle ist so kalt ______ Eis.		
Fatma sieht besser ______ ihr Opa.		

Wiewörter (Adjektive)

Lösungen Seite 56

1. Schreibe die zusammengesetzten Wiewörter (Adjektive) als Vergleich.

haushoch | kugelrund | messerscharf | hauchdünn

riesengroß | honigsüß | eiskalt | bärenstark

fingerdick | stocksteif | wieselflink | spiegelglatt

haushoch – so hoch wie ein Haus

2. Schreibe die Sätze kürzer, indem du zusammengesetzte Wiewörter (Adjektive) gebrauchst.
Beispiel: **Der Riese im Märchen ist stark wie ein Bär.**
Der Riese im Märchen ist bärenstark.

- Der Schokoladenpudding ist so süß wie Honig.
- Die Kinder sind so fleißig wie Bienen.
- Das Kleinkind läuft flink wie ein Wiesel.
- Der Vogel fliegt schnell wie ein Pfeil.
- Der Drachen steigt so hoch wie ein Haus.
- Die Scheibe Brot ist so dick wie ein Finger.
- Die Erde ist so hart wie ein Stein gefroren.
- Die Schinkenscheiben sind so dünn wie ein Hauch geschnitten.

Besuch auf einem Bauernhof

Die Klasse 4b besuchte die Klassenkameradin Emma auf dem Bauernhof.
Da der Bauernhof nicht weit von der Schule entfernt lag, konnten die Kinder und ihre Lehrerin zu Fuß dorthin gehen.
Der Bauer Rohler und seine Familie freuten sich auf den Besuch. Frau Rohler hatte bereits ein leckeres Frühstück vorbereitet.
Während die Kinder frühstückten, berichtete Bauer Rohler, welche Arbeiten täglich auf dem Hof erledigt werden müssen.

Er zählte auf:

- Kühe melken und füttern
- Kuhstall ausmisten
- Hühner füttern
- Pferde auf die Koppel führen
- Eier einsammeln

„Diese Arbeit müssen wir mit fünf Personen bewältigen“, erklärte Herr Rohler. „Auf unserem Hof leben meine Mutter, mein Vater, meine Oma, mein Bruder Jonas und ich“, fügte Emma hinzu.

1. Mache Vorschläge, wie die Arbeiten aufgeteilt sind. Stelle die Frage nach dem Wer-Fall und notiere die Antwort.
2. Unterstreiche in den Antwortsätzen das Namenwort (Nomen) im Wer-Fall.

Wer oder was melkt und füttert die Kühe? Die Mutter melkt und füttert die Kühe. Wer oder was

Merke!

Im Satz können Namenwörter (Nomen) im **Wer-Fall** (Nominativ) stehen. Mit der Frage **Wer oder was?** kannst du nach dem Wer-Fall (Nominativ) fragen.
Beispiel:
Wer oder was baut ein Nest in der Hecke?
Die Amsel baut ein Nest in der Hecke.
Wer oder was liegt auf dem Tisch?
Das Buch liegt auf dem Tisch.

Im Haushalt gibt es viel zu tun. Die Arbeiten teilen sich Mutter, Vater, Oma, Jonas und Emma. Emma zählt die Arbeiten auf.

Badezimmer putzen
Betten machen
Staub wischen
Blumen gießen
Teppichboden saugen
Fenster putzen
die Katze füttern

1. Stelle die Frage nach dem Wer-Fall und notiere die Antwort.
2. Unterstreiche in den Antwortsätzen das Namenwort (Nomen) im Wer-Fall.

Wer oder was putzt das Badezimmer? Emma putzt das Badezimmer.

Wer-Fall (Nominativ)

1. Schreibe die Frage nach dem Namenwort (Nomen) im Wer-Fall unter jeden Satz.
2. Unterstreiche das Namenwort (Nomen) im Wer-Fall mit dem Begleiter (Artikel).

▶ Das Auto biegt um die Ecke.

Wer oder was biegt um die Ecke?

▶ Mutter fährt das Auto in die Garage.

Wer

▶ Vater stellt die Blumen in die Vase.

▶ Die Vase steht auf dem Tisch.

▶ Die Amsel baut ein Nest im Fliederbusch.

▶ Das Nest ist gut versteckt.

▶ Laura sucht das Lesebuch.

▶ Das Lesebuch liegt auf Lauras Schreibtisch.

▶ Die Buntstifte stecken in einem roten Etui.

▶ Der Drucker zeigt einen Papierstau an.

Merke!

Die Namenwörter (Nomen) im Wer-Fall (Nominativ) können auch von Begleitern (Artikeln) in der Einzahl und von Begleitern (Artikeln) in der Mehrzahl begleitet werden.

Ratespiel

Die Kinder der Klasse 4b machen ein Ratespiel. Mehrere Schüler geben einen Gegenstand von sich ab. Die Lehrerin fragt: „Wessen Handschuhe sind das?“ Nele ist sich sicher. Deshalb antwortet sie: „Das sind Laras Handschuhe.“ Lara sagt: „Das stimmt.“ Die Lehrerin schreibt den Antwortsatz an die Tafel: „Das sind Laras Handschuhe.“ Sie unterstreicht das – s –.
Nun darf Nele einen Gegenstand auswählen und die Frage stellen: „Wessen Schal ist das?“ Arslan antwortet: „Das ist Tims Schal.“ Die Antwort ist richtig und die Lehrerin schreibt auch diesen Antwortsatz an die Tafel.
Nun fragt Arslan: „Wessen Schultasche ist das?“ „Das ist Malikas Schultasche“, antwortet Anna. Die Lehrerin schreibt alle Antwortsätze an die Tafel.
So geht das Ratespiel weiter, bis alle Gegenstände erfragt sind. Dann erhalten die Kinder ihr Pfand zurück.

1. Schreibe die Fragen und die Antworten aus dem Text auf.

2. Unterstreiche in den Antwortsätzen das Namenwort (Nomen) im Wessen-Fall.

Merke!

Mit der Frage **Wessen?** kannst du nach dem **Wessen-Fall** (Genitiv) fragen. Namenwörter (Nomen) im Wessen-Fall (Genitiv) haben oft ein – **s** – am Wortende. Mit dem Fragewort **Wessen?** wird nach dem Besitzer gefragt.
Beispiel: Wessen Jacke ist das?
Das ist Toms Jacke.

Wessen-Fall (Genitiv)

Oma

Tom

Roberto

Vater

Opa

Nadja

Malika

Sinan

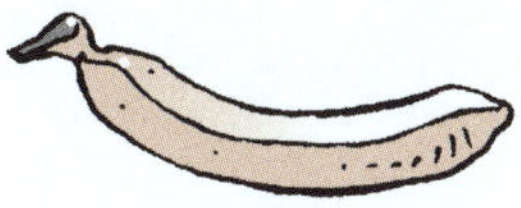

Paul

Anne

Mutter

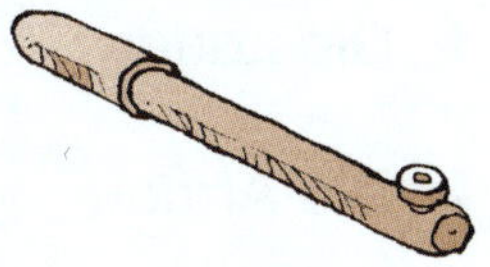

Ole

1. Stelle die Frage nach dem Wessen-Fall und notiere die Antwort. Achte auf das – **s** –. Die Bilder zeigen dir die Gegenstände und den Besitzer.
2. Unterstreiche in den Antwortsätzen das Namenwort (Nomen) im Wessen-Fall.

Wessen Tasche ist das? Das ist Omas Tasche.

1. Schreibe das Namenwort (Nomen) im Wessen-Fall in die Satzlücke.
Die folgenden Wörter helfen dir: **die Laubbäume, die Eisbären, der Drucker, der Nachbar, das Haus, die Straße, der Zaun, die Lehrerin, die Gartenhütte, die Jacke, das Buch, der Vogel, die Hose.**

2. Unterstreiche das Namenwort (Nomen) im Wessen-Fall.

- Das Fell der Eisbären ______ ist weiß.
- Das Dach ______ ist mit roten Dachziegeln gedeckt.
- Die Federn ______ sind bunt.
- Die Latten ______ sind frisch gestrichen.
- Die Ärmel ______ sind zu kurz.
- Die Teerdecke ______ ist vom Frost zerstört.
- Das Auto ______ steht vor der Schule.
- Der Umschlag ______ ist zerrissen.
- Ein Wildschwein hat den Garten ______ verwüstet.
- Im Herbst färben sich die Blätter ______ bunt.
- Das Dach ______ ist undicht.
- Die Farbpatrone ______ ist leer.
- Der Knopf ______ fehlt.

3. Z Schreibe Sätze mit Namenwörtern (Nomen) im Wessen-Fall:
der Tante, des Computers, des Babys, des Fahrrads, der Jacke.

Merke!

Die Namenwörter (Nomen) im **Wessen-Fall** (Genitiv) sind am **Endungs-s** oder den Begleitern (Artikeln) **der/des** zu erkennen.
Beispiel: Das ist Omas Brille.
Die Haare des Mädchens sind blond.

Lösungen Seite 57

Weihnachtsgeschenke

Jedes Jahr zu Weihnachten bekommen wir Geschenke. Jule überlegt, wie sie den anderen in ihrer Familie eine Freude machen kann.
Sie schenkt Oma ein selbst aufgenommenes Foto mit Rahmen. Ihrem Opa schenkt Jule ein selbst gemaltes Bild. Sie schenkt dem Vater ein Glas Honig und der Mutter eine Kerze. Ihrem älteren Bruder schenkt sie ein Lineal. Dem jüngeren Bruder schenkt sie Buntstifte. Der kleinen Schwester schenkt Jule ein Malbuch. Tante Irene schenkt sie ein Stück Seife.

1. Lies den Text genau.
2. Unterstreiche in dem Text, **wem** etwas geschenkt wird.
3. Antworte auf die Fragen.

- **Wem** schenkt Jule ein Foto? Oma ______________________
- **Wem** schenkt sie ein selbst gemaltes Bild? ______________________
- **Wem** schenkt sie ein Glas Honig? ______________________
- **Wem** schenkt sie eine Kerze? ______________________
- **Wem** schenkt sie ein Lineal? ______________________
- **Wem** schenkt sie Buntstifte? ______________________
- **Wem** schenkt sie ein Malbuch? ______________________
- **Wem** schenkt sie ein Stück Seife? ______________________

Merke!

Im Satz können Namenwörter (Nomen) im **Wem-Fall (Dativ)** stehen. Mit der Frage **Wem?** kannst du nach dem Wem-Fall (Dativ) fragen. Bei dem Namenwort (Nomen) im Wem-Fall (Dativ) ändert sich der Begleiter (Artikel).
Beispiel: Wem schenkt Jule ein Foto?
Jule schenkt Oma ein Foto.

1. Schreibe das Namenwort (Nomen) im Wem-Fall in die Satzlücke.

- Der Hund bringt ______________________ die Zeitung.
  der Vater
- Ich helfe ______________________ bei der Gartenarbeit.
  der Freund
- Mutter lauscht ______________________ .
  das Vogelgezwitscher
- Vater schreibt ______________________ einen Brief.
  die Lehrerin
- Der Hund folgt ______________________ aufs Wort.
  das Herrchen
- Der Vater streut ______________________ Futter ins Futterhaus.
  die Vögel
- Oma erzählt ______________________ ein Märchen.
  die Kinder
- Hanna berichtet ______________________ von dem Unfall.
  ihre Freundin

2. Erfrage aus den Sätzen oben das Namenwort (Nomen) im Wem-Fall. Schreibe die Frage und die Antwort.

Wem bringt der Hund die Zeitung? dem Vater

Wem

Lösungen Seite 57

Am See

Am Sonntagmorgen fahren Leon und Julius mit ihren Fahrrädern zum Waldsee. Sie wollen dort angeln. Aber da gibt es so viel Interessantes zu beobachten. Deshalb haben die beiden Jungen einen Fotoapparat, ein Fernglas und einen Zeichenblock mit Buntstiften mitgenommen.
Zuerst beobachten sie ein Schwanenpaar.
Julius fotografiert die Schwäne. Sie kommen ganz nahe heran. Mit seinem Fernglas sucht Leon das Schilf ab, denn dort schwimmt ein Stockentenpaar. Zwischen den Schilfhalmen entdeckt er das Nest der Enten.
Julius macht Leon auf eine wunderschöne Libelle aufmerksam. Sie sitzt auf einem Grashalm.
Rasch nimmt Julius seinen Zeichenblock aus dem Rucksack und malt die Libelle.
Leon wirft inzwischen seine Angel aus. Er fängt einen Hecht. Am Abend freut sich die ganze Familie über den gebratenen Fisch.

1. Lies den Text aufmerksam.
2. Antworte auf die Fragen.

- **Wen oder was** beobachen die Jungen zuerst? ein Schwanenpaar
- **Wen oder was** fotografiert Julius? ______
- **Wen oder was** sucht Leon mit seinem Fernglas ab? ______
- **Wen oder was** entdeckt er zwischen den Schilfhalmen? ______
- **Wen oder was** nimmt Julius aus seinem Rucksack? ______
- **Wen oder was** malt Julius? ______
- **Wen oder was** wirft Leon aus? ______
- **Wen oder was** fängt Leon? ______

Merke!

Im Satz können Namenwörter (Nomen) im **Wen-Fall** (Akkusativ) stehen. Mit der Frage **Wen oder was?** kannst du nach dem Wen-Fall (Akkusativ) fragen.
Beispiel: Wen oder was fotografiert Leon?
Leon fotografiert Trolli.

1. Schreibe das Namenwort (Nomen) im Wen-Fall in die Satzlücke. Aufgepasst! Manchmal verändert sich der Begleiter (Artikel).

- Die Kinder beobachten ______________________ am Himmel.
  der Segelflieger
- Der Schüler fragt ______________________ nach den Hausaufgaben.
  der Lehrer
- Zwei Schimmel ziehen ______________________ zur Kirche.
  die Hochzeitskutsche
- Hülya liest ______________________ am liebsten abends im Bett.
  die Abenteuerbücher
- Tim betrachtet ______________________ aus Mutters Kindheit.
  ein Fotoalbum
- Luka zeichnet ______________________ für Mutter zum Geburtstag.
  ein Blumenstrauß
- Die Häckselmaschine zerkleinert ______________________ in großen Mengen.
  die Holzabfälle
- Vater fängt ______________________ mit seinem Hut.
  ein Frosch
- Laura findet ______________________ wunderschön.
  die Libelle
- Mutter sucht ______________________ in ihrer Handtasche.
  der Haustürschlüssel
- Opa erzählt ______________________ von Hänsel und Gretel.
  das Märchen
- Der Fuchs verfolgt ______________________ .
  ein Hase

2. Z Erfindet Sätze, in denen ein Namenwort (Nomen) im Wen-Fall steht.

Merke!

Die **Begleiter** (Artikel) der Namenwörter (Nomen) im **Wen-Fall** (Akkusativ) heißen in der Einzahl **den, die, das, einen, eine, ein** und in der Mehrzahl **die**.

Die Amsel im Fliederbusch

Die Amsel, die schwarze, sieh',
reißt auf ihren Schnabel, den gelben.
Im Winter tat sie es nie.

Die Amsel singt vor lauter Glück.
Der Fliederbusch kriegt Ohren,
grüne Ohren, tausend Stück.

Josef Guggenmos

1. Lies das Gedicht aufmerksam. Sprecht in der Klasse über das Gedicht.
2. Kreise die Satzglieder in den folgenden Sätzen ein.
3. Stelle die Satzglieder sooft wie möglich um.

Die Amsel singt im Fliederbusch.

Im Fliederbusch | singt | die Amsel.

Singt | die Amsel | im Fliederbusch?

Die Amsel baut im Fliederbusch ihr Nest.

Die Amsel legt ihre Eier in das Nest.

4. **Z** Was macht die Amsel dann?
Überlegt euch drei Sätze.
Stellt die Satzglieder sooft wie möglich um.

Merke!

Wörter, die **beim Umstellen** zusammenbleiben, bilden ein **Satzglied**. Satzglieder können aus einem oder aus mehreren Wörtern bestehen.

 Lösungen Seite 57

Das Verkehrskasperle ist da

Heute sehen die Kinder der vierten Klassen ein Kasperletheater. In der Aula steht eine Puppenbühne. Kasperle zeigt den Schülern die Verkehrsschilder. Er erklärt den Kindern, wie man sich im Straßenverkehr richtig verhält. Kasperle spricht mit einem Polizisten. Er redet mit Hans und Gretel. Sie fahren mit den Fahrrädern auf der rechten Straßenseite. Kasperle bespricht mit den beiden Radfahrern, was sie tun müssen, wenn sie die Fahrtrichtung ändern wollen.
Der Polizist fragt die Schüler: „Welche Regeln müsst ihr beim Linksabbiegen beachten?"
Zum Schluss wünscht Kasperle den Schülern eine erfolgreiche Radfahrprüfung.
Die Schüler klatschen Beifall.

1.  Lest den Text und sprecht darüber.
2. Unterstreiche im Text den Satzgegenstand (Subjekt) blau.
   Durch die Frage **Wer oder was?** findest du den Satzgegenstand (Subjekt).
3. Unterstreiche im Text die Satzaussage (Prädikat) rot.
   Durch die Frage **Was tut ...?** findest du die Satzaussage (Prädikat).
4.  Bilde Sätze und unterstreiche den Satzgegenstand (Subjekt) blau und die Satzaussage (Prädikat) rot.

- Hans und Gretel   mit ihren Fahrrädern   fahren
- die Verkehrsschilder   Kasperle   erklärt
- bespricht   mit den Kindern   der Polizist   das Linksabbiegen

Merke!

Ein vollständiger Satz braucht zwei Satzglieder:
Satzgegenstand (Subjekt) und **Satzaussage** (Prädikat).
Nach dem Satzgegenstand (Subjekt) fragst du:
Wer oder was macht etwas? Nach der Satzaussage (Prädikat) fragst du: **Was tut derjenige?** oder **Was wird über ihn ausgesagt?**

Merke!

Der **Satzgegenstand** (Subjekt) besteht aus einem Namenwort (Nomen) oder einem Fürwort (Pronomen).
Die **Satzaussage** (Prädikat) besteht aus einem Tunwort (Verb) in der Personalform.
In einem Aussagesatz steht die Satzaussage (Prädikat) immer an der zweiten Stelle.
Beispiel: **Tim liest ein Buch. Er liest ein Buch.**

1. Verbinde die Satzaussage (Prädikat) und den passenden Satzgegenstand (Subjekt).

Ben

Wir

Opa

Hans und Uwe

Mutter

Er

liest

Die Schüler

Die Katze

Die Kinder

Die Lehrerin

Der Vogel

Tante Anna

2. Bilde sinnvolle Sätze. Achte auf die Personalform des Tunworts (Verb).
Die folgenden Wörter helfen dir: **ein Buch, einen Brief, die Zeitung, den Wetterbericht, eine Illustrierte, die Zeugnisse.**

3. Unterstreiche in deinen Sätzen den Satzgegenstand (Subjekt) blau und die Satzaussage (Prädikat) rot.

Opa liest die Zeitung. Mutter ____________________

____

____

____

4. Z Schreibe mit folgenden Satzaussagen (Prädikaten) sinnvolle Sätze:
zeigt, fahren, wuselt, schreibt, hält, beachten.

Merke!

Der **Satzgegenstand** (Subjekt) und die **Satzaussage** (Prädikat) müssen in ihrer Personalform **zusammenpassen**.

Satzgegenstand (Subjekt) und Satzaussage (Prädikat)

1. Schreibe die Satzaussage (Prädikat) in den passenden Satz. Die Wörter unten helfen dir. Achte auf die Personalform.

Der Wellensittich	______	im Vogelkäfig.
Die Katze	______	auf der Fensterbank.
Der Hund	______	vor seiner Hundehütte.
Die Schafe	______	auf der Weide.
Das Pferd	______	im Pferdestall
Die Hühner	______	auf dem Hof.
Der Frosch	______	zwischen dem Schilf.
Die Goldfische	______	im Aquarium.
Die Maus	______	im Mauseloch.
Ein Fuchs	______	zum Hühnerstall.
Der Hahn	______	auf dem Misthaufen.
Die Kinder	______	mit ihren Fahrrädern.

schleichen, singen, wiehern, radeln, quaken, sitzen, verschwinden, grasen, gackern, schwimmen, bellen, krähen

2. Z Erfinde mit fünf Satzgegenständen (Subjekten) aus Aufgabe 1 Sätze. Unterstreiche den Satzgegenstand (Subjekt) blau und die Satzaussage (Prädikat) rot.

Satzgegenstand (Subjekt) und Satzaussage (Prädikat)

1. Stelle in jedem Satz die Frage **Wer oder was?** nach dem Satzgegenstand (Subjekt).

2. Unterstreiche in jedem Satz den Satzgegenstand (Subjekt) blau.

- Jan und Tom reparieren ihre Fahrräder.

  Wer oder was ______________________________

- Sie wollen die Radfahrprüfung bestehen.

  ____

- Die Fahrräder müssen verkehrstüchtig sein.

  ____

- Vor allem müssen die Bremsen und die Beleuchtung funktionieren.

  ____

- Die Polizisten kontrollieren jedes Rad genau.

  ____

- Jan startet als Erster aus der Klasse 4b.

  ____

- An jedem Gefahrenpunkt stehen Eltern.

  ____

- Sie bewerten das Verhalten der Schüler.

  ____

- Beim Abbiegen muss Jan gut aufpassen.

  ____

- Er fährt vorschriftsmäßig und macht alles richtig.

  ____

- So besteht er die Prüfung mit Auszeichnung.

  ____

- Auch Tom besteht die Radfahrprüfung mit „sehr gut“.

  ____

Lösungen Seite 57

Was passiert in einer Kläranlage?

Das Schmutzwasser fließt durch die Abwasserkanäle zur Kläranlage. Dort gelangt es zunächst ins Vorklärbecken. Hier fließt das Schmutzwasser nur sehr langsam. Deshalb können sich die groben Schmutzteilchen am Beckenboden absetzen.
Dieser schmutzige Schlamm am Boden des Vorklärbeckens wird in die Faulbehälter geleitet.
Oben fließt das Schmutzwasser dann in das Belebungsbecken weiter.
Mesut will nun in einem Versuch ausprobieren, was im Vorklärbecken passiert.
In einem großen Glas stellt er Abwasser her.
Er gibt Sand, Seifenlauge, Salatöl, Kaffeesatz und Papierschnitzel ins Wasser.
Dann muss er das Schmutzwasser gut schütteln.
Nun will er beobachten, was mit dem Schmutzwasser nach einer Stunde und nach einem Tag passiert.
Das Glas muss nun ruhig stehen.

1.  Probiert in Gruppen den Versuch in eurer Klasse aus. Was könnt ihr beobachten? Schreibt auf.
2. Unterstreiche die zweiteiligen Satzaussagen (das zweiteilige Prädikat) in den Sätzen oben im Text.

Die **Satzaussage** (Prädikat) kann aus zwei Teilen bestehen.

1. Beispiel: Mesut muss das Schmutzwasser gut schütteln.
Die **Personalform** des Tunworts (Verb) steht im Satz an zweiter Stelle. Der Rest der Satzaussage (Prädikat) steht am Ende des Satzes.

2. Beispiel: Mesut stellt Schmutzwasser her.
Zusammengesetzte Tunwörter (Verben) – herstellen – können im Satz in ihre beiden Teile zerlegt werden.
Die Vorsilbe steht am **Ende** des Satzes.

Merke!

Zweiteilige Satzaussage

1. Schreibe die Wörter in den Sätzen in der richtigen Reihenfolge auf.
2. Unterstreiche in den verbesserten Sätzen die zweiteilige Satzaussage (das zweiteilige Prädikat) rot.

- Das Schmutzwasser wird geleitet zur Kläranlage.
- Zuerst es wird landen im Vorklärbecken.
- Hier es bewegt sich weiter nur sehr langsam.
- So können sinken die groben Schmutzteile auf den Boden.
- Dieser Schlamm wird kommen in den Faulturm.
- Oben kann weiterfließen das Schmutzwasser in das Belüftungsbecken.
- Hier werden zerstört die Schmutzstoffe im Schmutzwasser durch Bakterien.
- Anschließend wird fließen das aufgewirbelte Wasser ins Nachklärbecken.
- Hier wird beruhigen sich das Wasser.
- Die abgestorbenen Bakterien und die Schmutzstoffe können absetzen sich am Boden.
- Das obere, klare Wasser kann fließen in einen Bach.

Das Schmutzwasser wird zur Kläranlage geleitet.

Geschenkideen

Nele überlegt seit Tagen, was sie ihrer Mutter zum Geburtstag schenken kann. Ihre Freundin Sara erzählt, welche Geschenkideen sie hat: „Ich schenke meiner Mutter einen selbst gestrickten Schal. Meinem Vater lege ich eine CD auf seinen Essplatz. Meinem Opa schreibe ich einen langen Brief. Meiner Oma male ich ein Bild."
Nele ist glücklich über die Anregungen. Sie wird ihrer Mutter einen Schal stricken. Ein Bild möchte sie ihr auch malen.

1. Lies den Text aufmerksam.
2. Stelle die Frage nach den Namenwörtern (Nomen) im Wem-Fall und im Wen-Fall.
   Schreibe so: **Wem schenke ich einen selbst gestrickten Schal? meiner Mutter**
   Wen oder was schenke ich meiner Mutter? einen selbst gestrickten Schal
3. Unterstreiche im Text die Namenwörter (Nomen) im Wem-Fall grün und die Namenwörter (Nomen) im Wen-Fall braun.

Merke!

Viele Tunwörter (Verben) brauchen im Satz noch eine oder mehrere **Ergänzungen** (Objekte). Wenn die Ergänzungen (Objekte) fehlen, hat man noch Fragen. Man möchte eine genauere Aussage.
Beispiel: Hanna schenkt.

Auf die Frage **Wen oder was?** antwortet die **Wen-oder-Was-Ergänzung** (Akkusativ-Objekt).
Beispiel: Hanna schenkt **Wen oder was?** ein Buch.

Auf die Frage **Wem?** antwortet die **Wem-Ergänzung** (Dativ-Objekt).
Beispiel: Hanna schenkt **Wem?** ihrer Freundin ein Buch.

1. Ergänze die folgenden Sätze. Diese Wörter helfen dir: **die Schüler, mein Freund, ihre Eltern, die Zeitung, der Kamin, das Autokennzeichen, die Kranke**.
2. Unterstreiche in jedem Satz die Wem-Ergänzung (Dativ-Objekt) grün und die Wen-oder-was-Ergänzung (Akkusativ-Objekt) braun.

- Der Lehrer begrüßt ________________________________.
- Der Polizist notiert ____.
- Ich helfe ________________________________ bei den Hausaufgaben.
- Der Arzt hilft ________________________________.
- Mutter liest abends ________________________________.
- Der Schornsteinfeger kehrt ________________________________.
- Die Kinder vertrauen ________________________________.

Satzergänzungen (Objekte)

1. Ergänze die Lücken in den Spalten zu sinnvollen Sätzen.
   Denke immer an die Fragen **Wem?** oder **Wen oder was?**

Satzgegenstand Wer oder was?	Satzaussage Was tut?	Satzergänzung Wem?	Satzergänzung Wen oder was?
Sara	schenkt	ihrer Mutter	einen Schal.
Ich	schreibe		ein Gedicht.
Mutter	wäscht		die Haare.
Oma	erzählt	den Kindern	
Mesut	vertraut		ein Geheimnis an.
Die Kinder	tragen		den Einkaufskorb.
Vater	reicht	der Mutter	
Der Polizist	erklärt		den Weg.
Die Schneiderin	näht	dem Kind	
Der Lehrer	diktiert	den Schülern	
Das Kind	bastelt		ein Lesezeichen.
Opa	kauft	dem Enkel	
Der Chor	bringt		ein Ständchen.
Der Schreiner	baut	der Familie	
Boris	malt		eine Blume.
Der Zauberer	zaubert	den Kindern	

2. Z Erfinde mit sechs Satzaussagen (Prädikaten) aus der Tabelle ähnliche Sätze.
   Beispiel: Mutter schenkt Vater ein Buch.

Merke!

Der einfache Satz besteht aus Satzgegenstand (Subjekt) und Satzaussage (Prädikat).
Beispiel: Der Vater liest.

Der erweiterte Satz besteht aus Satzgegenstand (Subjekt), Satzaussage (Prädikat) und einer Satzergänzung (Objekt) Dadurch enthält der Satz mehr Informationen.
Beispiel: Der Vater liest die Zeitung.

1. Erweitere folgende Sätze mit jeweils zwei verschiedenen Satzergänzungen (Objekten).
Beispiel: Amelie hört die Nachtigall. Amelie hört die Nachrichten.
Überprüfe deine Rechtschreibung mit der Wörterliste oder dem Wörterbuch.

Die Mutter liest.
Kamil schreibt.
Meine Eltern besuchen.
Die Marktfrau verkauft.
Das Buch gehört.
Lorenz sammelt.

2. Lass die Satzergänzung (Objekt) weg und erweitere den einfachen Satz mit einer anderen Satzergänzung (Objekt).
Beispiel: Das Kind glaubt den Eltern. Das Kind glaubt. Das Kind glaubt dem Lehrer.
Überprüfe deine Rechtschreibung mit der Wörterliste oder dem Wörterbuch.

▶ Das Buch gehört meiner Oma.

___

▶ Das Bild gefällt meinen Eltern.

___

▶ Die Mutter erntet die Tomaten.

___

▶ Der Vater isst die reifen Erdbeeren.

___

▶ Laura beobachtet ihren Bruder.

___

▶ Lorenz sucht seinen Taschenrechner.

___

Merke!

Sätze kannst du verkürzen, indem du Satzergänzungen weglässt. So kannst du herausfinden, welche Informationen noch benötigt werden.

Unfall auf der Straße

Gestern Nachmittag kam Timo ganz blass ins Wohnzimmer.
„Woher kommst du?“, fragte die Mutter.
„Ich komme vom Fußballplatz“, erzählte Timo. Er war sehr aufgeregt. Auf der Straße passierte es. In der Nähe vom Bäckerladen kam Timo ein Jogger mit einem Hund entgegen. Der Hund war nicht angeleint. Er sprang auf Timo zu. Der Hund biss Timo in den Arm. Der Jogger stürzte sich auf den Hund, fasste ihn am Halsband und riss ihn zurück. Timo stand zitternd am Wegrand. Der Jogger brachte Timo nach Hause. Mutter fuhr mit Timo zum Arzt. Der Arzt behandelte die Wunde und legte einen Verband an.

1. Unterstreiche die Ortsangaben im Text.
2. Schreibe die Ortsangaben auf.

Woher? ______________________________

Wohin? ______________________________

____

____

Wo? ______________________________

____

3. Z Hattet ihr auch schon mal einen Unfall? Erzählt euch gegenseitig davon. Benutzt dabei möglichst genaue Ortsangaben.

Merke!

Ortsangaben sind **Satzglieder**.
Nach Ortsangaben kannst du fragen:
Woher? Wohin? Wo?

Lösungen Seite 58

Gartenmauer, Astgabel, Blumenkübel, Gartenbank, Gartentisch, Baumstamm, Osterglocken, Busch, Fensterbrett

1. **Wo** sind die Ostereier versteckt? Schreibe auf.
   Beispiel: **auf der Gartenmauer**

2. **Wohin** legte Vater die Ostereier? Schreibe auf.
   Beispiel: **auf die Gartenmauer**

Ortsangaben

Lösungen Seite 58

1. Stelle die Frage nach der Ortsangabe und notiere die Antwort. Streiche den Begleiter (Artikel) durch, der nicht passt.

▶ Der Zauberer kommt aus dem/~~den~~ Zauberwald.

Woher kommt der Zauberer? aus dem Zauberwald

▶ Seine Zaubertasche hat er unter dem/den Arm.

Wo

▶ Ein kleines Tischchen trägt er auf dem/den Rücken.

Wo

▶ Er stellt das Tischchen auf dem/den Marktplatz.

Wohin

▶ Viele Zuschauer stehen vor dem/den Zauberer.

Wo

▶ Der Zauberer holt drei Bälle aus der/die Tasche.

Woher

▶ Die drei Bälle legt er auf die/das Tischchen.

Wohin

▶ Mit einem Zauberspruch lässt er die Bälle wieder in seiner/seine Hand kommen.

Wohin

▶ Die Zuschauer auf dem/den Marktplatz klatschen.

Wo

▶ Viele Kinder wollen in der/die Zaubertasche schauen.

Wohin

2. Schreibe die Sätze richtig auf.

Merke!

Die Ortsangaben mit der Frage **Woher?** und **Wo?** stehen im **Wem-Fall**.
Die Ortsangabe mit der Frage **Wohin?** steht im **Wen-Fall**.

Lösungen Seite 58

Große Aufregung

Ganz aufgeregt hat Lea heute Morgen ihrem Vater erzählt:
„Wir werden am Samstag in der Schule ein Theaterstück aufführen. Vor zwei Wochen haben wir das Märchen von Schneewittchen ausgesucht. Ich übernehme die Rolle des Prinzen. Jeden Tag sprechen wir in der Klasse über das Theaterstück. Seit einer Woche proben wir täglich unsere Rollen in der Aula. Ich kann nachts kaum noch schlafen. Hoffentlich bleibe ich nicht während einer Vorstellung im Text stecken. Wir wollen das Theaterstück an mehreren Tagen aufführen. Heute will ich meine Rolle auch zu Hause üben. Kannst du mir eine halbe Stunde zuhören?“

1. Stellt euch gegenseitig Fragen nach den Zeitangaben. Verwendet dazu die Fragewörter: **Wann? Wie lange? Wie oft?** und **Seit wann?** Dein Partner beantwortet die Fragen. Wechselt euch ab.

2. Unterstreiche die Zeitangaben im Text.

3. Schreibe die Zeitangaben auf.

Wann? ______________________________

____

____

Wie lange? ______________________________

Wie oft? ______________________________

Merke!

Zeitangaben sind **Satzglieder**. Zeitangaben im Satz sagen, wann etwas getan wird oder wann etwas geschieht. Nach Zeitangaben kannst du fragen: **Wann?**, **Wie lange?** oder **Wie oft?**

Zeitangaben

1. Schreibe die Frage nach der Zeitangabe und notiere die Antwort.
2. Unterstreiche die Zeitangabe in den Sätzen.

▶ Olaf besucht jeden Tag seine Oma.

Wie oft besucht Olaf seine Oma? jeden Tag

▶ Im Frühjahr bauen die Vögel ihre Nester.

Wann

▶ Der Film läuft seit zwei Wochen im Kino.

Seit wann

▶ Lena lag eine Woche lang im Krankenhaus.

Wie lange

▶ Die Theateraufführung beginnt um 19 Uhr.

Wann

▶ Zweimal in der Woche geht Ole zum Training.

Wie oft

▶ Freitags kann Max länger schlafen.

Wann

▶ Es regnete von morgens bis abends.

Wie lange

▶ Die Müllabfuhr kommt jede Woche.

Wie oft

▶ Die Kinder kennen sich seit einem Jahr.

Seit wann

▶ Einmal in der Woche reinigt Nele den Meerschweinchenkäfig.

Wie oft

 Lösungen Seite 58

1. Ergänze die Sätze mit passenden Zeitangaben. Die Wörter unten helfen dir. Es gibt verschiedene Möglichkeiten.

Liebe Mama, lieber Papa,

jetzt sind wir schon __________________ in der Jugendherberge in der Eifel.

Mit der Verpflegung sind wir ____________ zufrieden.

Brötchen, Butter, Marmelade, Wurst und Käse gibt es _______________ .

____________ schmeckt das Essen auch immer sehr lecker.

____________ gab es beispielsweise Kartoffeln mit Fleisch und Gemüse.

Zum Nachtisch gibt es ____________ Obst.

Die Sonne scheint ____________ und es regnet ____________ .

Mit unserem Lehrer haben wir ________________________ Dauerlauf gemacht.

Außerdem machen wir ____________ eine Wanderung von mindestens _______________ .

____________ liest uns unser Lehrer immer noch eine Geschichte vor.

Ich denke ________ an euch und freue mich, wenn ich ________________ wieder bei euch bin.

Eure Paula

vier Tage	am Morgen	heute	meistens	jeden Tag
abends	mittags	häufig	selten	am Wochenende
oft	zwei Stunden	täglich	eine halbe Stunde lang	

2. Überlege dir selbst acht Sätze mit Zeitangaben.

Die Nachtigall

Die Nachtigall singt.
Die Nachtigall singt im Apfelbaum.
Die Nachtigall singt eine schöne Melodie im Apfelbaum.
Die Nachtigall singt jeden Abend eine schöne Melodie im Apfelbaum.

1.  Lest die Sätze. Sprecht über das, was euch auffällt.

2.  Erweitere folgende Sätze mit passenden Satzergänzungen aus dem Kasten.

- Die Vögel bauen.
- Vater liest.
- Das Konzert beginnt.
- Lena liegt.
- Olaf besucht.

nach der Arbeit – im Bühnenhaus – ihre Nester
im Krankenhaus – jeden Abend – seine Oma – in Berlin
am Donnerstag – um 19 Uhr – eine Woche lang
die Zeitung – im Frühjahr – jeden Tag

3. Prüfe, welche Satzergänzungen überflüssig sind. Schreibe den Satz mit den notwendigen Satzergänzungen auf.
Beispiel: **Der schwarze Rabe sitzt mit seinen schwarzen Federn auf der Mauer.**
Der Rabe sitzt.

- Die Mülltonnen werden von der Müllabfuhr an jedem Donnerstag jede Woche in unserer Straße von den Müllmännern geleert.

____

- Die Mutter erntet im Gartenbeet im September in unserem Garten die Tomaten.

____

- Es regnete den ganzen Tag von morgens bis abends.

____

- Zweimal in der Woche geht Gönül im Trainingsanzug zum Fußballtraining auf den Sportplatz.

____

- Der Film läuft seit sieben Tagen schon eine Woche lang im Kino.

____

Bahnfahrt von Wesel nach Offenburg

Meine Tante Katharina wohnt in Offenburg __________ wir wollen sie besuchen. Um 9.00 Uhr steigen meine Mutter und ich in den ICE, __________ wir uns von Vater verabschiedet haben. Wir suchen schnell unsere Plätze, __________ wir Vater noch winken können. Ich schaue aus dem Fenster, __________ meine Mutter uns einen Apfel schält. Die Landschaft und die Städte fliegen an uns vorbei.

__________ wir in den Speisewagen gehen, erkennen wir die hohen Türme der Banken und Versicherungen von Frankfurt. Wir bestellen uns Wiener Würstchen mit Kartoffelbrei und Sauerkraut, __________ wir richtig hungrig sind. Um 15.40 Uhr fährt der Zug in Offenburg ein __________ wir steigen aus. Tante Katharina erwartet uns auf dem Bahnsteig, __________ sie sieht uns erst gar nicht, __________ so viele Menschen aussteigen. Dann winkt sie uns zu, __________ sie uns entdeckt hat. Mit einem Taxi fahren wir zu ihrer Wohnung.

1. Wähle passende Bindewörter aus und schreibe sie in die Satzlücken.

und aber und damit während bevor nachdem weil nachdem weil

Merke!

Bindewörter verknüpfen zwei Sätze zu einem Satz.
Vor den Bindewörtern steht ein Komma.
Ausnahme: Vor **und** setzt man kein Komma.

Lösungen Seite 59

1. Verbinde die beiden Sätze mit einem passenden Bindewort und notiere es.

weil weil während während damit damit wenn

2. Schreibe die verknüpften Sätze auf.

▶ Die Vögel bauen Nester.
Sie wollen brüten.

weil

Die Vögel bauen Nester, weil sie brüten wollen.

▶ Wir warten an der Ampel.
Die Ampel zeigt rot.

▶ Meine Mutter liest ein Buch.
Mein Vater verfolgt im Fernsehen ein Fußballspiel.

▶ Vater stellt den Ton leiser.
Unsere Nachbarn werden nicht gestört.

▶ Wir überlegen uns Klassenregeln.
Jeder weiß, wie er sich richtig verhalten soll.

▶ Wir melden uns.
Wir wollen erzählen.

▶ Wir beleidigen niemand beim Streitgespräch.
Auch Worte können verletzen.

Die Geheimschrift

Markus, Achmed, Lorenz und Murat bauen im Wald ein Baumhaus.
Sie sind gute Freunde und treffen sich gern an ihrer Baustelle.
Sie schreiben sich oft Nachrichten in ihrer Geheimschrift.
Murat will den Freunden mitteilen, wann das nächste Treffen sein soll.

Er notiert:

13, 15, 18, 7, 5, 14; ---
14, 1, 3, 8; --- 4, 5, 18;
--- 19, 3, 8, 21, 12, 5;

1. Entschlüssle die Nachricht.

____

2. Schreibe selbst Nachrichten in dieser Geheimschrift.

3. Z Überlegt euch eine eigene Geheimschrift.

Zeichen aus unserem Alltag

4. Finde die Bedeutung für diese Zeichen. Schreibe die entsprechende Nummer in das Kästchen.

1 

2 

3 

4 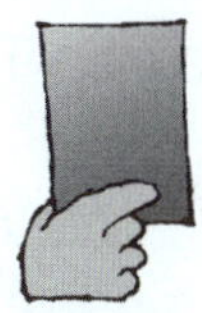

5 

6 

7 

8 

Verbot der Einfahrt	☐	Überholverbot	☐
Verbot für Fahrzeuge aller Art	☐	Ende einer Fahrradstraße	☐
Haltestelle	☐	gemeinsamer Rad- und Fußweg	☐
Platzverweis im Fußball	☐	getrennter Rad- und Fußweg	☐

5. Z Erfindet eigene Zeichen und stellt sie eurer Klasse vor.

Merke!

Mit Bildern, Piktogrammen und Schriftzeichen können wir uns auch ohne zu sprechen verständigen.

Der Struwwelpeter

Mutter ärgert sich über Hannes und meint:
„Du siehst wie ein Struwwelpeter aus."
Hannes lacht: „Ja, ich kenne das Gedicht vom Struwwelpeter."
Er spricht vier Zeilen aus dem Gedicht:

„An den Händen beiden
ließ er sich nicht schneiden
seine Nägel fast ein Jahr;
kämmen ließ er nicht sein Haar."

Dann bittet er: „Bleib cool, Mama!" „Ach, du bist wie dein Vater", seufzt Mutter und erklärt: „Der Apfel fällt nicht weit vom Stamm."
Die Mutter lässt nun nicht mehr locker: „Ich erinnere dich schon seit Wochen täglich daran, dass du unbedingt zum Friseur gehen musst."
„Ach Mama, nimm es nicht krumm. Hab Sonne im Herzen. Ich werde morgen bestimmt zum Friseur gehen", verspricht Hannes ernsthaft. Er jammert: „Du hast gewonnen. Es ist zum Mäusemelken!"
„Na, endlich bist du vernünftig", freut sich seine Mutter und fügt hinzu: „Steter Tropfen höhlt den Stein."
„Ach so", grinst Hannes, „aber freu dich nicht zu früh. Ein anderes Sprichwort lautet: Du sollst den Tag nicht vor dem Abend loben."
Beide müssen herzlich lachen und Mutter fügt hinzu: „Gut Ding will Weile haben."

1. Lies den Text aufmerksam. Er enthält zehn Redensarten. Unterstreiche sie.

2. Welche Bedeutung haben die Redensarten aus Aufgabe 1?
Ordne jeder Redensart die passende Bedeutung zu.

- Beständigkeit und Ausdauer führen schließlich zum Ziel.
- Reg dich nicht auf.
- Man soll nichts zu früh loben.
- Ungepflegt aussehen. Die Haare nicht schneiden, waschen und kämmen lassen, sodass sie wirr um den Kopf stehen.
- Es ist unerträglich, zum Verzweifeln.
- Kinder können im Aussehen oder Verhalten den Eltern sehr ähnlich sein.
- Nicht nachgeben.
- Immer fröhlich und vergnügt sein.
- Wenn etwas gut werden soll, muss man ihm Zeit lassen.
- Jemandem etwas nicht übel nehmen, ärgerlich oder böse sein.

Merke!

Wenn du die Bedeutung von Redensarten verstehst, kannst du die Redensarten im mündlichen und schriftlichen Sprachgebrauch gezielt verwenden.

Lösungen Seite 59

1. Zu welcher Redensart passen die Bilder?
Schreibe die entsprechenden Nummern in die Kästchen neben den Redensarten.

1 

2 

3 

4 

5 

6 

das Handtuch werfen	☐	den Nagel auf den Kopf treffen	☐
den Stein ins Rollen bringen	☐	mit der Tür ins Haus fallen	☐
den Kopf in den Sand stecken	☐	jemanden auf den Arm nehmen	☐

2. Welche Bedeutung haben die Redensarten aus Aufgabe 1?
Schreibe die Redensart unter die passende Bedeutung.

Man will erreichen, dass eine schwierige Angelegenheit besprochen wird und in Bewegung kommt.

Man will nichts sehen, hören oder sagen. Man will sich nicht mit einer Sache auseinandersetzen.

Man tut oder sagt genau das Richtige.

Man gibt sich geschlagen. Man gibt auf.

Man erzählt oder tut etwas Wichtiges, auf das der andere nicht vorbereitet ist. Man überrascht und überrumpelt ihn.

Man neckt oder verspottet jemanden. Man macht sich über jemanden lustig.

3.  Welche Redensarten oder Sprichwörter kennt ihr noch?
Schreibt die Redensarten und Sprichwörter mit ihrer Bedeutung auf.

4.  Stellt ein Memospiel mit Redensarten und Sprichwörtern und deren Bedeutung her.

Lösungen Seite 59

Klassenfahrt der 4b

Die Klasse 4b plant die nächste Klassenfahrt. Die Kinder machen viele Vorschläge. Tim verkündet: „Wir gehen ins Kino und schauen uns einen Actionfilm an!“ Emma ruft: „Ich möchte gerne im Aquarium „Sealife“ die fantastischen Delfine sehen!“ Iman und Eva wollen in der Jugendherberge einen Tanzabend mit Discjockey und lustigen Sketchen veranstalten. Lea und Mehmet planen einen Artistikwettbewerb und üben schon mal in der Pause das Jonglieren wie in einer Manege. Der Lehrer schlägt vor: „Was meint ihr zu einem Besuch im Amphitheater?“ „Laura und Eileen sollen mit einer Kamera fotografieren“, rufen alle wie im Chor.

1.  In dem Text sind viele Fremdwörter. Du findest sie unten als Rückwärtswörter. Schreibe sie richtig auf.

MUIRAUQA	MLIFNOITCA	BREWEBTTEWKITSITRA
YEKCOJCSID	HCSITSATNAF	AREMAK
EFILAES	ROHC	EGENAM
NEREILGNOJ	RETAEHTIHPMA	NEHCTEKS

2.  Sprecht über die Bedeutung der Fremdwörter.

3. Ordne die folgenden Fremdwörter den verschiedenen Bereichen zu.

Laptop Inlineskates Mountainbike Bonbon Toaster Pommes frites E-Mail
Steak Chips Swimmingpool Ski Handy Baguette Scanner Badminton

Technik	Sport	Lebensmittel

Merke!

In unserem Alltag verwenden wir viele Fremdwörter aus anderen Sprachen. Sie werden oft anders geschrieben als man sie spricht.

Wortarten

Seite 4 ▶ Nr. 3 ▶ Namenwörter: die Farben, der Himmel, die Sonne, die Hand, die Regenwand
Tunwörter: komm, schau, bezahlen, malen, malte
Wiewörter: rot, orange, gelb, grün, blau, herrliche, goldener

▶ Nr. 4 ▶ Namenwörter: die Sonne, der Hals, die Jacke, die Bremse, das Feuer, die Dunkelheit
Tunwörter: rennen, klettern, hören, weinen, brennen
Wiewörter: dünn, hoch, weich, fröhlich, feucht

Seite 5 ▶ Nr. 2 ▶ Namenwörter: der Rollstuhl, das Sprungbrett, der Wasserball, die Dusche
Tunwörter: springen, spritzen, rutschen, tauchen
Wiewörter: nass, sonnig, warm, schattig

Seite 6 ▶ Nr. 1 ▶ das Sprungbrett, die Angst, das Mädchen, der Mut, der Bademeister, die Aufsicht, mein Bruder, der Stolz, der Kopfsprung, der Startblock, die Jungen, die Freundschaft

Wortfamilien

Seite 7 ▶ Nr. 2 ▶ verreisen, tauchen, schwimmen, bauen, sammeln, finden, spielen, reiten, liegen, fahren

▶ Nr. 3 ▶ ver**reisen**, **tauchen**, **schwimmen**, **bauen**, **sammeln**, **finden**, **spielen**, **reiten**, **liegen**, **fahren**

Seite 8 ▶ Nr. 2 ▶ verreist, schwimmen, tauche, bauen, sammeln, suchen, spielen, fährt, liegt, liest, holen

Seite 9 ▶ Nr. 1 ▶ fahrbereit, wegfahren, heimfahren, Fahrkarte, Fahrplan, Fahrräder, fahrtüchtig, fahrlässig, Vorfahrt

▶ Nr. 2 ▶ Wortfamilie bauen: anbauen – der Bauer – der Neubau – der Fuchsbau – gebaut – baugleich – der Baustein – das Gebäude – bäuerlich – die Bäuerin

Wortfamilie fallen: der Abfall – durchfallen – er fällt – gefallen – das Fallobst – das Gefälle – zufällig – schwerfällig – ebenfalls – der Holzfäller

Wortfamilie spielen: mitspielen – vorspielen – die Spieluhr – gespielt – der Spielfilm – der Spielplatz – das Computerspiel – verspielt – spielerisch – spielstark

Seite 10 ▶ Nr. 1 ▶ bauen – das Gebäude – baufällig, kaufen – der Käufer – käuflich, fliegen – der Flug – flugsicher, dürsten – der Durst – durstig, fahren – die Fahrt – fahrtüchtig

▶ Nr. 2 ▶ brechen – der Bruch – brüchig, sprechen – das Gespräch – sprachlos, schreiben – die Schrift – schriftlich, wässern – das Wasser – wasserdicht, spielen – das Spiel – spielerisch, schlafen – der Schlaf – schlaflos, freuen – die Freude – erfreulich

Wortfelder

Seite 11 ▶ Nr. 2 ▶ Lorenz Wetter **stürzt** ..., Dabei **prallt** er ..., Beide Jungen **straucheln** ..., Lorenz **schlägt** so hin, dass ..., Felix **knallt** auf seine Hände ...

Seite 12 ▶ Nr. 1 ▶ Lorenz Wetter **erzählte** ..., Felix **jubelte** ..., ... **fragte** Felix. „Hurra!“, **riefen** alle Kinder ..., ... **meinte** Felix. ... **flüsterte** Lorenz traurig. ... **entgegnete** Felix. Lorenz **erklärte** erfreut ..., Er **bat** ...

▶ Nr. 2 ▶ Wortfeld lügen: schwindeln, heucheln, flunkern, vortäuschen
Wortfeld trinken: schlürfen, nippen, saugen, saufen
Wortfeld essen: speisen, schmausen, futtern, verzehren

Zeitformen

Seite 13 ▶ Nr. 2 ▶ ich werde besuchen – wir werden besuchen,
ich werde lernen – wir werden lernen,
ich werde bekommen – wir werden bekommen,
ich werde wiedersehen – wir werden wiedersehen,
ich werde wählen – wir werden wählen,
ich werde finden – wir werden finden,
ich werde gehen – wir werden gehen,
ich werde besuchen – wir werden besuchen

Seite 14 ▶ Nr. 2 ▶ Zum Ende des 4. Schuljahres werde ich die Grundschule verlassen.
Ich werde eine neue Schule besuchen.
In der Grundschule werde ich fleißig lernen.
So werde ich meine Zensuren verbessern.
Mit dem guten Zeugnis werde ich mich an der neuen Schule anmelden.
Als Fremdsprache werde ich Englisch wählen.
Meine beste Freundin wird auch auf die Weiße-Rose-Schule gehen.

Seite 15 ▶ Nr. 1 ▶ Der Junge sattelte sein Pferd. Jetzt reitet er. Danach wird er das Pferd striegeln.

Das Mädchen kaufte ein Fahrradlämpchen. Jetzt schraubt es das Fahrradlämpchen ein. Danach wird es im Dunkeln mit dem Rad fahren.

Das Kind wusch sich. Jetzt putzt es sich die Zähne. Danach wird es sich anziehen.

Wiewörter (Adjektive)

Seite 17 ▶ Nr. 1 ▶ Jörgs Haus ist hoch. Oles Haus ist höher. Mehmets Haus ist am höchsten.
Jörg hat einen weiten Blick. Ole hat einen weiteren Blick. Mehmet hat den weitesten Blick.

▶ Nr. 2 ▶ klug – klüger – am klügsten, gut – besser – am besten, viel – mehr – am meisten, jung – jünger – am jüngsten, alt – älter – am ältesten, groß – größer – am größten

Seite 19 ▶ Nr. 1 ▶ weiter als Lara, schneller als sein Freund Tom, höher als sein Freund Niklas, so geschickt wie ein Eichhörnchen, ausdauernder als sein Bruder, so lang im Garten wie die Mutter, hört geduldiger zu als gestern, so dunkel wie in der Nacht, so schön wie eine Künstlerin, so kalt wie Eis, sieht besser als ihr Opa

Seite 20 ▶ Nr. 2 ▶ Der Schokoladenpudding ist honigsüß.
Die Kinder sind bienenfleißig.
Das Kleinkind läuft wieselflink.
Der Vogel fliegt pfeilschnell.
Der Drachen steigt haushoch.
Die Scheibe Brot ist fingerdick.
Die Erde ist steinhart gefroren.
Die Schinkenscheiben sind hauchdünn geschnitten.

Wessen-Fall (Genitiv)

Seite 26 ▶ Nr. 1 ▶ Das Dach des Hauses …; Die Federn des Vogels …; Die Latten des Zaunes …; Die Ärmel der Jacke …; Die Teerdecke der Straße …; Das Auto der Lehrerin …; Der Umschlag des Buches …; … den Garten des Nachbarn …; … die Blätter der Laubbäume …; Das Dach der Gartenhütte …; Die Farbpatrone des Druckers …; Der Knopf der Hose …

Wem-Fall (Dativ)

Seite 27 ▶ Nr. 3 ▶ Opa, dem Vater, der Mutter, ihrem älteren Bruder, dem jüngeren Bruder, der kleinen Schwester, Tante Irene

Seite 28 ▶ Nr. 1 ▶ Der Hund bringt dem Vater …, Ich helfe dem Freund …, Mutter lauscht dem Vogelgezwitscher. Vater schreibt der Lehrerin …, Der Hund folgt seinem Herrchen …, Der Vater streut den Vögeln …, Oma erzählt den Kindern …, Hanna berichtet ihrer Freundin …

Wen-Fall (Akkusativ)

Seite 29 ▶ Nr. 2 ▶ die Schwäne; das Schilf; das Nest der Enten; seinen Zeichenblock; die Libelle; seine Angel; einen Hecht

Seite 30 ▶ Nr. 1 ▶ den Segelflieger, den Lehrer, die Hochzeitskutsche, die Abenteuerbücher, ein Fotoalbum, einen Blumenstrauß, die Holzabfälle, einen Frosch, die Libelle, den Haustürschlüssel, das Märchen, einen Hasen

Satzgegenstand (Subjekt) und Satzaussage (Prädikat)

Seite 32 ▶ Nr. 2 ▶ Satzgegenstand: die Kinder der vierten Klasse, eine Puppenbühne, Kasperle, er, Kasperle, er, sie, Kasperle, sie, der Polizist, Kasperle, die Schüler, sie

▶ Nr. 3 ▶ Satzaussage: sehen, steht, zeigt, erklärt, spricht, redet, fahren, bespricht, fragt, wünscht, klatschen

▶ Nr. 4 ▶ Hans und Gretel fahren mit ihren Fahrrädern.
Kasperle erklärt die Verkehrsschilder.
Der Polizist bespricht mit den Kindern das Linksabbiegen.

Zweiteilige Satzaussage

Seite 36 ▶ Nr. 2 ▶ können absetzen, wird geleitet, fließt weiter, will ausprobieren, stellt her, muss schütteln, will beobachten, muss stehen

Seite 37 ▶ Nr. 2 ▶ Zuerst wird es im Vorklärbecken landen.
Hier bewegt es sich nur sehr langsam weiter.
So können die groben Schmutzteile auf den Boden sinken.
Dieser Schlamm wird in den Faulturm kommen.
Oben kann das Schmutzwasser in das Belüftungsbecken weiterfließen.
Hier werden die Schmutzstoffe im Schmutzwasser durch Bakterien zerstört.
Anschließend wird das aufgewirbelte Wasser ins Nachklärbecken fließen.
Hier wird sich das Wasser beruhigen.
Die abgestorbenen Bakterien und die Schmutzstoffe können sich am Boden absetzen.
Das obere klare Wasser kann in einen Bach fließen.

Satzergänzungen (Objekte)

Seite 38 ▶ Nr. 2 ▶ Wem lege ich eine CD auf seinen Essplatz? meinem Vater
Wen oder was lege ich auf Vaters Essplatz? eine CD
Wem schreibe ich einen langen Brief? meinem Opa
Wen oder was schreibe ich meinem Opa? einen langen Brief
Wem male ich ein Bild? meiner Oma
Wen oder was male ich meiner Oma? ein Bild
Wem wird sie einen Schal stricken? ihrer Mutter
Wen oder was wird sie ihrer Mutter stricken? einen Schal
Wem möchte sie ein Bild malen? ihr
Wen oder was möchte sie ihr malen? ein Bild

Seite 39 ▶ Nr. 1 ▶ die Schüler, das Autokennzeichen, meinem Freund, der Kranken, die Zeitung, den Kamin, ihren Eltern

Ortsangaben

Seite 42 ▶ Nr. 2 ▶ **Woher?** vom Fußballplatz **Wohin?** ins Wohnzimmer, auf Timo zu, in den Arm, auf den Hund, nach Hause, zum Arzt **Wo?** auf der Straße, in der Nähe vom Bäckerladen, am Halsband, am Wegrand

Seite 43 ▶ Nr. 1 ▶ **Wo?** auf der Gartenmauer, in der Astgabel, im Blumenkübel, unter der Gartenbank, unter dem Gartentisch, hinter dem Baumstamm, zwischen den Osterglocken, unter dem Busch, auf dem Fensterbrett
Wohin? auf die Gartenmauer, in die Astgabel, in den Blumenkübel, unter die Gartenbank, unter den Gartentisch, hinter den Baumstamm, zwischen die Osterglocken, unter den Busch, auf das Fensterbrett

Seite 44 ▶ Nr. 1 ▶ Wo hat er seine Zaubertasche? unter dem Arm; Wo trägt er ein kleines Tischchen? auf dem Rücken; Wohin stellt er das Tischchen? auf den Marktplatz; Wohin stellt er die Zaubertasche? auf das Tischchen; Wo stehen viele Zuschauer? vor dem Zauberer; Woher holt er drei Bälle? aus der Tasche; Wohin legt er die drei Bälle? auf das Tischchen; Wohin lässt er die Bälle wieder kommen? in seine Hand; Wo klatschen die Zuschauer? auf dem Marktplatz; Wohin wollen viele Kinder schauen? in die Zaubertasche

▶ Nr. 2 ▶ Der Zauberer kommt aus dem Zauberwald. Seine Zaubertasche hat er unter dem Arm. Er trägt ein kleines Tischchen auf dem Rücken. Das Tischchen stellt er auf den Marktplatz. Viele Zuschauer stehen vor dem Zauberer. Der Zauberer holt drei Bälle aus der Zaubertasche. Die drei Bälle legt er auf das Tischchen. Mit einem Zauberspruch lässt er die Bälle wieder in seine Hand kommen. Die Zuschauer auf dem Marktplatz klatschen. Viele Kinder wollen in die Zaubertasche schauen.

Zeitangaben

Seite 45 ▶ Nr. 3 ▶ **Wann?** heute Morgen, am Samstag, vor zwei Wochen, seit einer Woche, nachts, während einer Vorstellung **Wie lange?** eine halbe Stunde **Wie oft?** jeden Tag, täglich, an mehreren Tagen

Seite 47 ▶ Nr. 1 ▶ vier Tage, meistens, am Morgen, mittags, heute, täglich, häufig, selten, eine halbe Stunde lang, jeden Tag, zwei Stunden, abends, oft, am Wochenende

Sätze verknüpfen

Seite 49 ▶ Nr. 1 ▶ und, nachdem, damit, während, bevor, weil, und, aber, weil, nachdem

Seite 50 ▶ Nr. 2 ▶ … weil sie brüten wollen; … während die Ampel rot zeigt; … während mein Vater im Fernsehen das Fußballspiel verfolgt; … damit unsere Nachbarn nicht gestört werden; … damit jeder weiß, wie er sich richtig verhalten soll; … wenn wir erzählen wollen; … weil auch Worte verletzen können.

Sprache als Zeichensystem

Seite 51 ▶ Nr. 1 ▶ Lösung: MORGEN NACH DER SCHULE

▶ Nr. 4 ▶ erster Block: 7, 5, 1, 4
zweiter Block: 2, 6, 8, 3

Redensarten und Sprichwörter

Seite 52 ▶ Nr. 2 ▶ Du siehst wie ein Struwwelpeter aus. – Ungepflegt aussehen. Die Haare nicht schneiden, waschen und kämmen lassen, sodass sie wirr um den Kopf stehen.

Bleib cool! – Reg dich nicht auf.

Der Apfel fällt nicht weit vom Stamm. – Kinder können im Aussehen oder Verhalten den Eltern sehr ähnlich sein.

Mutter lässt nicht locker. – Nicht nachgeben.

Nimm es nicht krumm! – Jemandem etwas nicht übel nehmen, nicht ärgerlich oder böse sein.

Hab Sonne im Herzen. – Immer fröhlich und vergnügt sein.

Es ist zum Mäusemelken. – Es ist unerträglich, zum Verzweifeln.

Steter Tropfen höhlt den Stein. – Beständigkeit und Ausdauer führen schließlich zum Ziel.

Du sollst den Tag nicht vor dem Abend loben. – Man soll nichts zu früh loben.

Gut Ding will Weile haben. – Wenn etwas gut werden soll, muss man ihm Zeit lassen.

Seite 53 ▶ Nr. 1 ▶ 6, 4, 2, 5, 1, 3

Fremdwörter

Seite 54 ▶ Nr. 3 ▶ Technik: Laptop, Toaster, E-Mail, Handy, Scanner
Sport: Inlineskates, Mountainbike, Swimmingpool, Ski, Badminton
Lebensmittel: Bonbon, Pommes frites, Steak, Chips, Baguette

Wörterliste mit Grundwortschatz

Der Grundwortschatz umfasst ungefähr 700 Wörter.
Er ist in diesem Arbeitsheft für die Jahrgänge 1 bis 4 zusammengestellt. Der Grundwortschatz für die Jahrgänge 3 und 4 ist fett markiert. Der Grundwortschatz der 1./2. Jahrgangsstufe ist mager gedruckt, weil er dir bereits bekannt sein muss.

Häufig gebrauchte Wörter

ab
aber
als
also
am
an
auf
aus
bei
bin
bis
bist
da
dann
das
dass
dein, deine, deiner
dem
den
denn
der
des
dich
die
dies, diese, dieser
dir

doch
du
durch
ein, eine, einer
er
es
euch
euer, eure
für
ganz, ganze, ganzer
her
hier
hin
hinter
ich
ihm
ihn, ihnen
ihr, ihre
im
immer
in
ins
ist
ja
jede, jeder, jedes
kein, keine, keiner

man
mein, meine, meiner
mich
mir
mit
nach
nein
nicht
nichts
nie
nun
nur
ob
oder
oft
schon
sehr
sein, seine, seiner
seit
sich
sie
sind
so
über
um
und

uns, unser, unsere
unten, unter
viel
vom
von
vor
wann
warum
was
weil
weiter
welche, welcher, welches
wem
wen
wenig
wenn
wer
wie
wieder
wir
wo
zu
zum
zur
zusammen

A

Abend, Abende
acht
Affe, Affen
ähnlich
alle, alles
alt, älter
Ampel, Ampeln
ändern, ändert
anders
Angst, Ängste
ängstlich
antworten, antwortet
Apfel, Äpfel
April
arbeiten, arbeitet
ärgern, ärgert
Arm, Arme
Arzt, Ärzte
Ärztin, Ärztinnen
Ast, Äste
Aufgabe, Aufgaben
aufräumen, räumt auf
aufwecken, weckt auf
Auge, Augen
August
außen
Auto, Autos

B

Baby, Babys
backen, backt
Bäcker, die Bäcker
baden, badet
Bahn, Bahnen
Ball, Bälle
Bank, Bänke
Bauch, Bäuche
bauen, baut
Baum, Bäume
beginnen, beginnt, begann, begonnen
Bein, Beine
Beispiel, Beispiele
beißen, beißt, biss, gebissen
beobachten, beobachtet
bequem
bereit
bereits
Beruf, Berufe
besser
Bett, Betten
bevor
bewegen, bewegt
bezahlen, bezahlt
biegen, biegt, bog, gebogen
Biene, Bienen
Bild, Bilder
Birne, Birnen
bisschen
bitten, bittet, bat, gebeten
Blatt, Blätter
blau
bleiben, bleibt, blieb, geblieben
Blick, Blicke
blicken, blickt
blind
Blinde, Blinden
Blitz, Blitze
blitzen, blitzt
Block, Blöcke
bloß
blühen, blüht
Blume, Blumen
Blüte, Blüten
Boden, Böden
bohren, bohrt
Boot, Boote
böse
boxen, boxt
Brand, Brände
braun
brav
brennen, brennt, brannte, gebrannt
Brief, Briefe

Brille, Brillen
bringen, bringt, brachte, gebracht
Brot, Brote, Brötchen
Brücke, Brücken
Bruder, Brüder
Buch, Bücher
bunt
Busch, Büsche

C

Cent, Cents
Christ, Christen
Christbaum, Christbäume
Clown, Clowns
Computer, die Computer

D

danken, dankt
Decke, Decken
denken, denkt, dachte, gedacht
deutlich
deutsch
Deutschland
Dezember
dick
Dienstag, Dienstage
Diskette, Disketten
Donner
donnern, donnert
Donnerstag, Donnerstage
Drache, Drachen
Draht, Drähte
draußen
Dreck
dreckig
drehen, dreht
drei
Druck
drücken, drückt
dumm
Dummheit
dunkel
dünn
Durst
durstig

E

Ecke, Ecken
eckig
ehrlich
Ei, Eier
eigentlich
eins
Elefant, Elefanten
elf
Eltern
empfinden, empfindet, empfand, empfunden
empfindlich
Ende, Enden
eng
entdecken, entdeckt
Ente, Enten
entfernen, entfernt
Entfernung, Entfernungen
entgegen
entwickeln, entwickelt
Entwicklung, Entwicklungen
Erde
erklären, erklärt
erlauben, erlaubt
Erlaubnis
erleben, erlebt
Erlebnis, Erlebnisse
erschrecken, erschreckt, erschrak, erschrocken
erwarten, erwartet
Erwartung
erzählen, erzählt
Erzählung, Erzählungen
essen, isst, aß, gegessen
Eule, Eulen
Euro, Euros
Europa

F

fahren, fährt, fuhr, gefahren
fallen, fällt, fiel, gefallen
Familie, Familien
fangen, fängt, fing, gefangen
Februar
Fehler, die Fehler
fehlerfrei
fein
Feld, Felder
Fenster, die Fenster
Ferien
fernsehen, sieht fern
Fernseher, die Fernseher
fertig
fett
Fett, Fette
feucht
Feuchtigkeit
Feuer, die Feuer
Fichte, Fichten
finden, findet, fand, gefunden
Finger, die Finger
Fleiß
fleißig
fliegen, fliegt, flog, geflogen
fließen, fließt, floss, geflossen
Flügel, die Flügel
Flugzeug, Flugzeuge
Fluss, Flüsse
flüssig
Flüssigkeit, Flüssigkeiten
fragen, fragt
Frau, Frauen
frei
Freiheit
Freitag, Freitage
fremd
Fremde, Fremden
fressen, frisst, fraß, gefressen
Freude
freuen, freut
Freund, Freunde, Freundin, Freundinnen
Frieden
friedlich
frieren, friert, fror, gefroren
frisch
fröhlich
Fröhlichkeit
Frucht, Früchte
Frühling
Fuchs, Füchse
fühlen, fühlt, Gefühl, Gefühle
führen, führt
Führung
füllen, füllt
Füller, die Füller
fünf
Fuß, Füße

G

Gans, Gänse
Garten, Gärten
Gebäude, die Gebäude
geben, gibt, gab, gegeben
Geburt, Geburten
Geburtstag, Geburtstage
Gefahr, Gefahren
gefährlich
geheim
Geheimnis, Geheimnisse
gehen, geht, ging, gegangen
gelb, gelbe
Geld, Gelder
Gemeinde, Gemeinden
Gemüse
Geschäft, Geschäfte
geschehen, geschieht, geschah, geschehen
Gesetz, Gesetze
Gesicht, Gesichter
gestern
gesund, gesunde
gewinnen, gewinnt, gewann, gewonnen
Gewitter
gießen, gießt, goss, gegossen
Giraffe, Giraffen
glatt
Glück
glücklich
glühen, glüht
Gott
Gras, Gräser
groß
grün
grüßen, grüßt
gut

H

Haar, Haare
haben, hat, hatte, gehabt
Hals, Hälse
halten, hält, hielt, gehalten
Hand, Hände
Handy, Handys
Hang, Hänge
hängen, hängt, hing, gehangen
hart, härter
Hase, Hasen
Haufen, die Haufen
häufig
Haus, Häuser
Haut, Häute
Hecke, Hecken
heiß
heißen, heißt, hieß, geheißen
heizen, heizt
Heizung, Heizungen

helfen, hilft, half, geholfen
hell
Hemd, Hemden
Herbst
Herr, Herren
herstellen, stellt her
Herstellung
heute
Hexe, Hexen
Hilfe
Himmel, die Himmel
Hitze
hoffen, hofft
hoffentlich
Höhe, Höhen
hohl
Höhle, Höhlen
hören, hört
Hose, Hosen
Hund, Hunde
hundert
Hunger
hungrig

I

Igel, die Igel
impfen, impft
Impfung, Impfungen
Information, Informationen
informieren, informiert
interessant
Interesse, Interessen

J

Jacht, Jachten, auch: Yacht, Yachten
Jahr, Jahre
Januar
jemand, jemanden
Jugend
jugendlich
Juli
jung
Junge, Jungen
Juni

K

Käfer, die Käfer
Käfig, Käfige
Kalender, die Kalender
kalt, kälter
Kälte
Kamm, Kämme
Katze, Katzen
kaufen, kauft
kennen, kennt, kannte, gekannt
Kiefer, Kiefern
Kind, Kinder
klar
Klasse, Klassen
Kleid, Kleider
klein
klettern, klettert
kommen, kommt, kam, gekommen
Kompass, Kompasse
können, kann, konnte, gekonnt
Kopf, Köpfe
Körper, die Körper
Kraft, Kräfte
kräftig
krank, kränker
kratzen, kratzt
Kraut, Kräuter
Kreuz, Kreuze
Kreuzung, Kreuzungen
kriechen, kriecht, kroch, gekrochen
Krieg, Kriege
Kuh, Kühe
kühl
kühlen, kühlt
Kuss, Küsse

L

Land, Länder
lang, länger
Lärm
lassen, lässt, ließ, gelassen
Laub
laufen, läuft, lief, gelaufen
laut
leben, lebt
legen, legt
Lehrer, die Lehrer
Lehrerin, Lehrerinnen
leicht
leise
lernen, lernt
lesen, liest, las, gelesen
letzte, letzter
leuchten, leuchtet
Leute
Lexikon, Lexika
Licht, Lichter
lieb
lieben, liebt
Lied, Lieder
liegen, liegt, lag, gelegen
links
Löffel, die Löffel
Lohn, Löhne, belohnen, belohnt
Löwe, Löwen

M

machen, macht
Mädchen, die Mädchen
Magnet, Magnete
Mai
malen, malt
man
Mann, Männer
März
Maschine, Maschinen
Maß, Maße
Maus, Mäuse
Medien
Meer, Meere
mehr
messen, misst, maß, gemessen
Messer, die Messer
Miete, Mieten
Minute, Minuten
Mittag, Mittage
Mitte
Mittwoch
mixen, mixt
Monat, Monate
Montag, Montage
Moos, Moose
Morgen, die Morgen
Müll
Mund, Münder
müssen, muss, musste, gemusst
Mutter, Mütter

N

Nacht, Nächte
nah
Nähe
nähen, näht
Nahrung, ernähren, ernährt
Naht, Nähte
Name, Namen
Nase, Nasen
nass, nässer
Nässe
Natur
natürlich
Nebel, die Nebel
nehmen, nimmt, nahm, genommen
neu
neun
niemals
niemand, niemanden
Nilpferd, Nilpferde
November
Nummer, Nummern
nummerieren
Nuss, Nüsse
nützen, nützt
nützlich

O

Obst
offen
ohne
Ohr, Ohren
Oktober
Onkel, die Onkel
Osterhase, Osterhasen
Ostern

P

Päckchen, die Päckchen
packen, packt
Paket, Pakete
Papier, Papiere
Pass, Pässe
passen, passt
Pferd, Pferde
pflanzen, pflanzt
pflegen, pflegt
Pilz, Pilze
Pizza, Pizzas/Pizzen
Platz, Plätze
plötzlich
Pommes
Programm, Programme
Puppe, Puppen

Q

Quadrat, Quadrate
quaken, quakt
Qual, Qualen
quälen, quält
Qualle, Quallen
Quelle, Quellen

R

Radio, Radios
raten, rät, riet, geraten
Rätsel, die Rätsel
Raum, Räume

Raupe, Raupen
rechnen, rechnet
rechts
Recycling
reden, redet
Regen
Reh, Rehe
reich
reisen, reist
reißen, reißt, riss, gerissen
rennen, rennt, rannte, gerannt
richtig
riechen, riecht, roch, gerochen, Geruch, Gerüche
Rock, Röcke
rollen, rollt
rot
Rücken, die Rücken
rufen, ruft, rief, gerufen
Ruhe
ruhig
rühren, rührt

S

Saft, Säfte
sagen, sagt
Salz, Salze
sammeln, sammelt
Sammlung, Sammlungen
Samstag, Samstage
Sand, sandig
Satz, Sätze
schaffen, schafft
Schall
schalten, schaltet
Schalter, die Schalter
scharf, Schärfe
Schatten, die Schatten
schauen, schaut
scheinen, scheint
Schere, Scheren
schieben, schiebt, schob, geschoben
schief
schimpfen, schimpft
schlafen, schläft, schlief, geschlafen
schlagen, schlägt, schlug, geschlagen
schließen, schließt, schloss, geschlossen
schließlich
Schlüssel, die Schlüssel
schmecken, schmeckt
Schmetterling, Schmetterlinge
Schmutz, schmutzig
Schnee
schneiden, schneidet, schnitt, geschnitten
schnell
schön
Schreck, schrecklich
schreiben, schreibt, schrieb, geschrieben
schreien, schreit, schrie, geschrien
Schuh, Schuhe
Schule, Schulen
schütteln, schüttelt
Schutz
schützen, schützt
schwarz
schweigen, schweigt, schwieg, geschwiegen
Schwester, Schwestern
schwierig, Schwierigkeit
schwimmen, schwimmt, schwamm, geschwommen
schwitzen, schwitzt
sechs
See, Seen
sehen, sieht, sah, gesehen
Seife, Seifen
Sekunde, Sekunden
September
setzen, setzt, besetzt
sieben
singen, singt, sang, gesungen
sitzen, sitzt, saß, gesessen
Skizze, Skizzen
skizzieren, skizziert
Sohn, Söhne
sollen, soll
Sommer
Sonne
Sonntag, Sonntage
Spaghetti/Spagetti
sparen, spart
Spaß, Späße
spät, verspäten
Spaziergang, Spaziergänge
spazieren, spaziert
Spiegel, die Spiegel
spiegeln, spiegelt
spielen, spielt
spitz
Spitze, Spitzen
Sport
Stadt, Städte
Stamm, Stämme
Stange, Stangen
Stängel, die Stängel
stark, stärker
stärken, stärkt
stehen, steht, stand, gestanden
stellen, stellt
Steuer
steuern, steuert
Stiel, Stiele
Stift, Stifte
still
stimmen, stimmt
Stirn, Stirnen
Stoff, Stoffe
Strand, Strände
Straße, Straßen
Strauch, Sträucher
Strauß, Sträuße
Streit
streiten, streitet, stritt, gestritten
Strom, Ströme
strömen, strömt
Stück, Stücke
Stuhl, Stühle
Stunde, Stunden
Sturm, Stürme
stürmen, stürmt
stürmisch
suchen, sucht
süß
Süßigkeit, Süßigkeiten

T

Tag, Tage
Tanne, Tannen
Tante, Tanten
Tasche, Taschen
Tasse, Tassen
tausend, Tausende/ tausende
Taxi, Taxis
Technik, Techniken
Teddy, Teddys
Tee, Tees
Telefon, Telefone
Teller, die Teller
Temperatur, Temperaturen
Text, Texte
Theater, die Theater
Thermometer, die Thermometer
Tier, Tiere
tief
Tiefe
Tochter, Töchter
tragen, trägt, trug, getragen
Träne, Tränen
Traum, Träume
träumen, träumt
treffen, trifft, traf, getroffen
treu
trinken, trinkt, trank, getrunken
trocken
turnen, turnt

U

üben, übt
überqueren, überquert
Uhr, Uhren
umkehren, kehrt um
ungefähr
Unterricht
Urlaub

V

Vase, Vasen
Vater, Väter
verbieten, verbietet, verbot, verboten
verbrauchen, verbraucht
verbrennen, verbrennt, verbrannte, verbrannt
Verbrennung, Verbrennungen
Verein, Vereine
vereinen, vereint
vergessen, vergisst, vergaß, vergessen
Verkehr
verletzen, verletzt
Verletzung, Verletzungen
verlieren, verliert, verlor, verloren
verpacken, verpackt
Verpackung, Verpackungen
verschmutzen,

verschmutzt
Verschmutzung, Verschmutzungen
versuchen, versucht
Versuchung, Versuchungen
vielleicht
vier
Vogel, Vögel
voll
vollständig
Vorfahrt
Vorsicht
vorsichtig

W

Waage, Waagen
wachsen, wächst, wuchs, gewachsen, Gewächs, Gewächse
Wahl, Wahlen
wählen, wählt
während
Wald, Wälder
warm, wärmer
Wärme
warten, wartet
waschen, wäscht, wusch, gewaschen
Wasser
wechseln, wechselt
Wecker, die Wecker
Weg, Wege
Weihnachten
weil
weiß
weit, weiter
werden, wird, wurde, geworden
Wetter
wichtig
wiegen, wiegt, wog, gewogen
Wiese, Wiesen
wild, wilder
Wind, Winde
Winter
wissen, weiß, wusste, gewusst
Woche, Wochen
wohnen, wohnt
wollen, will, wollte, gewollt
Wort, Wörter
wünschen, wünscht
Wurzel, Wurzeln

X

X-Beine
Xylofon, auch: Xylophon

Y

Yak, Yaks, auch: Jak, Jaks
Ypsilon

Z

Zahl, Zahlen
zählen, zählt
Zahn, Zähne
Zebra, Zebras
Zehe, Zehen
zehn
zeichnen, zeichnet
zeigen, zeigt
Zeit, Zeiten
Zeitung, Zeitungen
Zeugnis, Zeugnisse
ziehen, zieht, zog, gezogen
Ziel, Ziele
zielen, zielt
Zimmer, die Zimmer
zu
Zucker
Zukunft
zukünftig
zuletzt
zum
zur
zurück
zusammen
zwei
Zwiebel, Zwiebeln
zwölf

1. Schreibt jedes Wort von Trollis Sammlung auf einen kleinen Zettel.
2. Ordnet die Wörter nach dem Alphabet. Schreibt sie dann geordnet in euer Heft.